NATIONAL GEOGRAPHIC

Peldaños

Celebraciones de cumpleaños

Fiesta de

por Elizabeth Gilbert / ilustraciones de Leslie Harrington

"¡Feliz cumpleaños!" en todo el mundo

Los habitantes de todo el mundo hablan diferentes idiomas. También tienen saludos especiales para los sucesos importantes, como los cumpleaños. Así es como se dice "Feliz cumpleaños" en diez idiomas.

Happy Birthday
(HA-peeh BERTH-day)
inglés

Janmadin mubarak ho
(jahn-mah-DIN moo-BAH-rahk HOH)
hindú

Alles gute zum Geburtstag
(AH-les goot zoom geh-BURS-tahg)
alemán

S'dniom roshedenea
(s dnyom rozh-DEE-nyah)
ruso

cumpleaños internacional

Feliz cumpleaños
(fay-LEES coom-plee-AHN-yohs)
español

Maligayang kaarawan
(maah-lee-GAH-yang kah-AH-rah-wahn)
tagalog

Kule sana wintie tayyiba (a una niña)
(koo-LEH SAH-na win-TEE tie-EE-bah)
árabe (en Egipto)

Kule sana winta tayib (a un niño)
(koo-LEH SAH-na win-TAH TIE-eeb)
árabe (en Egipto)

Otanjobi omedeto gozaimasu
(oh-tan-JOH-bee oh-med-ih-toh goh-zah-ee-mas)
japonés

Feliz aniversario
(fay-LEEZ ah-nee-vair-SAH-ree-yoh)
portugués

Sheng ri kuai le
(shung-rur KWAI-luh)
mandarín

Tradiciones de cumpleaños

Tu familia y tus amigos sonríen y hablan. La música suena. Estás en tu propia fiesta de cumpleaños. Es una **tradición** que celebra tu vida hasta ese momento. Pero el día del nacimiento se homenajea de diferentes maneras. ¿Qué sucedería si comieras tarta de cumpleaños en lugar de pastel de cumpleaños? ¿Qué sucedería si **decoraras** tu casa con flores de papel? ¿Qué sucedería si tus amigos jugaran *pusa at aso*, que significa "perro y gato"?

En Canadá, los Estados Unidos, Egipto y algunos países europeos, mucha gente coloca velitas en los pasteles de cumpleaños. Esta tradición comenzó en Alemania. Hace unos 200 años, los alemanes comenzaron la tradición de colocar velitas alrededor de los pasteles de cumpleaños. Luego pusieron las velitas sobre los pasteles. El cumpleañero pedía un deseo y soplaba para apagarlas.

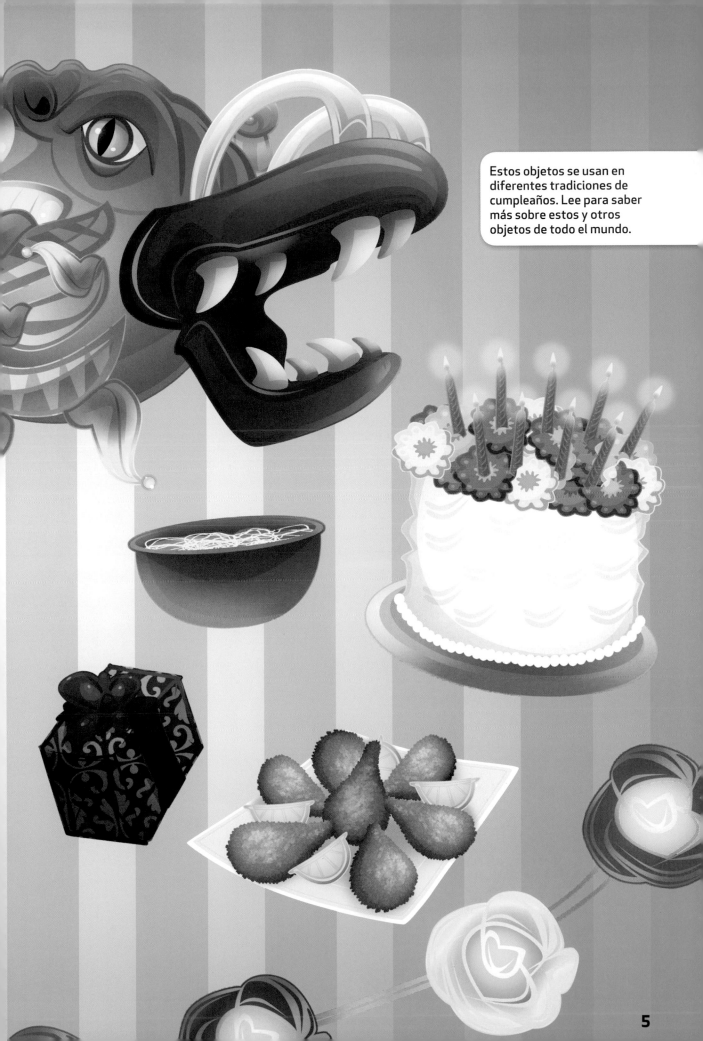

Estos objetos se usan en diferentes tradiciones de cumpleaños. Lee para saber más sobre estos y otros objetos de todo el mundo.

Norteamérica

En los Estados Unidos y Canadá, las tradiciones de cumpleaños suelen ser similares. Se invita a los amigos y la familia a una fiesta. Se decora la sala con globos. Los invitados pueden traer regalos. También pueden cantar "Cumpleaños feliz". El cumpleañero pide un deseo y sopla las velitas. Luego todos comen pastel.

A veces, los invitados reciben sorpresas de cumpleaños como agradecimiento por haber asistido.

Piñata

Generalmente hay piñatas en la **celebración** de cumpleaños de los niños mexicanos. Se hacen o se compran. Las piñatas suelen tener forma de animales y estar llenas de golosinas. Los invitados golpean la piñata con un palo para romperla y que se abra. Luego recogen las golosinas que caen. Muchas personas usan piñatas en Norteamérica y Sudamérica en las fiestas de cumpleaños. También las usan en otras **ocasiones** especiales.

Sudamérica

En las fiestas de cumpleaños de Brasil hay ramos de flores de verdad o de papel. Los bombones de chocolate, llamados *brigadeiros*, son una golosina deliciosa. Los dulces coloridos pueden verse tan bellos ¡que los invitados casi no querrán comerlos!

Mazapán (pasta de almendras y azúcar), frutas y vegetales

Brigadeiros (bombones de chocolate)

Coxinha (pollo trozado y especias frito)

En Perú, los invitados a las fiestas de cumpleaños a veces reciben un prendedor de recuerdo hecho a mano. Estos prendedores están bellamente decorados. Los invitados pueden guardarlos durante años.

En Latinoamérica, la fiesta de quince es el **hito** más importante para una niña que cumple quince años. La cumpleañera usa un vestido elegante. También usa su primer par de zapatos de tacón alto cuando baila con su padre. Esta tradición puede haber comenzado hace cientos de años en México. En la actualidad también se celebra en Brasil, Ecuador, Paraguay y en muchos otros países.

Europa

En Inglaterra, los pasteles de cumpleaños pueden esconder objetos pequeños, como monedas, botones y anillos. Una tradición dice que los objetos pueden mostrarle el futuro a una persona. Por ejemplo, una moneda en tu porción de pastel significa que tendrás mucho dinero. Un botón significa que tendrás menos dinero. Un anillo significa que algún día te casarás.

Algunos padres de Suiza plantan un árbol frutal cuando nace un niño. Los padres esperan que si el árbol crece fuerte, el niño también lo hará. La tradición es plantar un manzano si es varón y un peral si es niña.

En Alemania, una tradición de cumpleaños es encender una vela de la vida en la cena. La familia ve cómo se quema hasta la siguiente marca. La vela se enciende todos los años hasta que el niño cumple 12 años.

Haz tu propia vela de la vida

- Mide ¾ de pulgada desde la parte inferior de la vela y escribe 12.
- Mide y escribe números del 11 al 1 (desde abajo hacia arriba). Cada número debe estar a ¾ de pulgada de separación.
- Decora tu vela con estrellas, adhesivos, lentejuelas, mostacillas y formas de colores.

Qué necesitarás
- Vela pilar de 10 pulgadas
- Marcador permanente
- Regla
- Adornos

África

A algunos egipcios les gusta hacer grandes fiestas de cumpleaños. ¡Necesitan dos pasteles de cumpleaños para que alcance para todos! Pero ponen velitas en un solo pastel. Los egipcios también comen sándwiches y otros bocadillos en las fiestas de cumpleaños.

Los niños de Ghana tienen un desayuno especial de cumpleaños que se llama *oto*. Se hace con huevos y batata. Luego, en las fiestas de cumpleaños, los niños ghaneses comen otras comidas tradicionales, como plátanos fritos.

En las fiestas de cumpleaños zulúes se come, se canta y se baila. Los zulúes no envían invitaciones. Es un honor para el cumpleañero que aparezcan los asistentes sin que se los invite.

Asia

Los cumpleaños de todos se celebran en el Año Nuevo chino. En esta ocasión, todos los bebés chinos tendrán un año de edad. Esto sucede aunque el bebé no haya vivido un año completo.

Los huevos hervidos se tiñen de rojo para el Año Nuevo chino.

Personas de muchas **culturas** asiáticas comen fideos largos que **simbolizan** una vida larga. La tradición dice que los fideos deben tragarse enteros. Los coreanos comen platos de fideos largos tradicionales llamados *memil guksu* y *milguksu*.

Shichi-go-san es una festividad japonesa. Homenajea a las niñas que cumplen tres o siete años y a los niños que cumplen tres o cinco años.

Oceanía

Pusa at aso ("Perro y gato") es un juego de fiesta de cumpleaños de las Filipinas. El "perro" se sienta en el medio de un círculo y protege sus "huesos". Los "gatos" se sientan en un círculo alrededor del perro. Intentan llevarse los huesos sin que los toquen.

Pansit es un plato de fideos filipino. Se puede hacer con fideos largos.

El pan de cientos y miles es una comida tradicional de fiesta en Australia. Se puede hacer esparciendo mantequilla en el pan y poniéndole granas de colores encima.

"Pasa el paquete" es un juego de fiestas popular en Nueva Zelanda. También es popular en Inglaterra, Nigeria y otros países. Los jugadores se sientan en círculo. Cuando la música comienza, se pasan un regalo envuelto en capas de papel de seda de colores. Entre cada capa hay regalos más pequeños. Cuando la música se detiene, la persona que recibe el paquete le saca una capa y conserva el regalo que hay adentro.

Tradiciones nuevas

¡Un cumpleaños puede ser muy divertido! Habitantes de todo el mundo celebran la ocasión con juegos, comida y ceremonias. En tu próximo cumpleaños, piensa en cómo lo celebran otras culturas. Luego prueba una tradición nueva en honor a tu propio año nuevo.

Compruébalo   ¿Qué hace que la celebración de un cumpleaños sea una tradición?

17

Cómo hacer un pastel arcoíris

por Emily Brown

Para muchos, el pastel de cumpleaños es una parte muy importante de una **celebración** de cumpleaños. Los pasteles de cumpleaños suelen ser pasteles de chocolate o amarillos con chocolate o cobertura blanca. A veces, el pastel está **decorado** con palabras o dibujos de animales y flores. La cobertura puede verse elegante. Pero el pastel que está abajo es solamente marrón o amarillo.

¿Por qué no hacer que tu pastel de cumpleaños también sea interesante por dentro? ¡Comienza una **tradición** nueva y haz un pastel arcoíris!

Ingredientes

Mezcla para pastel blanco

Cobertura blanca para pastel

Aceite vegetal

Huevos

Colorante vegetal

Instrucciones

1 Sigue las instrucciones de la caja de **mezcla** para pastel y haz la mezcla del pastel.

2 Vierte la masa del pastel en seis pocillos pequeños.

3 Agrega colorante vegetal rojo al primer pocillo. Agrega azul al segundo pocillo. Agrega amarillo al tercer pocillo.

4 Haz tres colores más en los tres pocillos que quedan. Combina cantidades iguales de rojo y azul para formar morado. Combina rojo y amarillo para formar anaranjado. Combina amarillo y azul para formar verde. Luego mezcla el colorante vegetal en la mezcla. Usa una cuchara distinta en cada color.

5 Engrasa y enharina un molde para pasteles. Pide a un adulto que precaliente el horno según las instrucciones de la caja de mezcla para pasteles.

6 Vierte la primera masa de color en el centro del molde. Vierte lentamente otro color sobre el primero. Si comienzas con un color oscuro, usa un color claro después. Repite el método con cada color.

7 Pide a un adulto que hornee el pastel según las instrucciones de la caja de mezcla para pastel. Luego cubre el pastel con glaseado. Decóralo con granas, dulces o lo que quieras.

Sopla las velitas y prueba una porción. Disfruta de esta **ocasión** especial. ¡Cada color del arcoíris está en tu boca!

Compruébalo   ¿En qué se diferencia el pastel arcoíris de otros pasteles de cumpleaños?

Comenta Texto e ilustraciones

1. ¿Qué crees que conecta las dos lecturas que leíste en este libro? ¿Qué te hace pensar eso?

2. Elige una tradición de cumpleaños. Indica cómo las fotos o las ilustraciones te dan más información.

3. En "Cómo hacer un pastel arcoíris", ¿por qué es importante seguir los pasos en orden? ¿Cómo ayudan las fotos?

4. ¿Qué conexiones tienes con las celebraciones de cumpleaños? ¿Qué preguntas tienes aún después de leer?